AF131709

Mandalas

Signes Astrologiques

Édition : BoD – Books on Demand, 12/14 rond-point des Champs-Élysées, 75008 Paris, France
Impression : BoD – Books on Demand, Norderstedt, Allemagne
ISBN : 9782322392223
Dépôt légal : février 2022
Images : Canva/Lhattie HANIEL

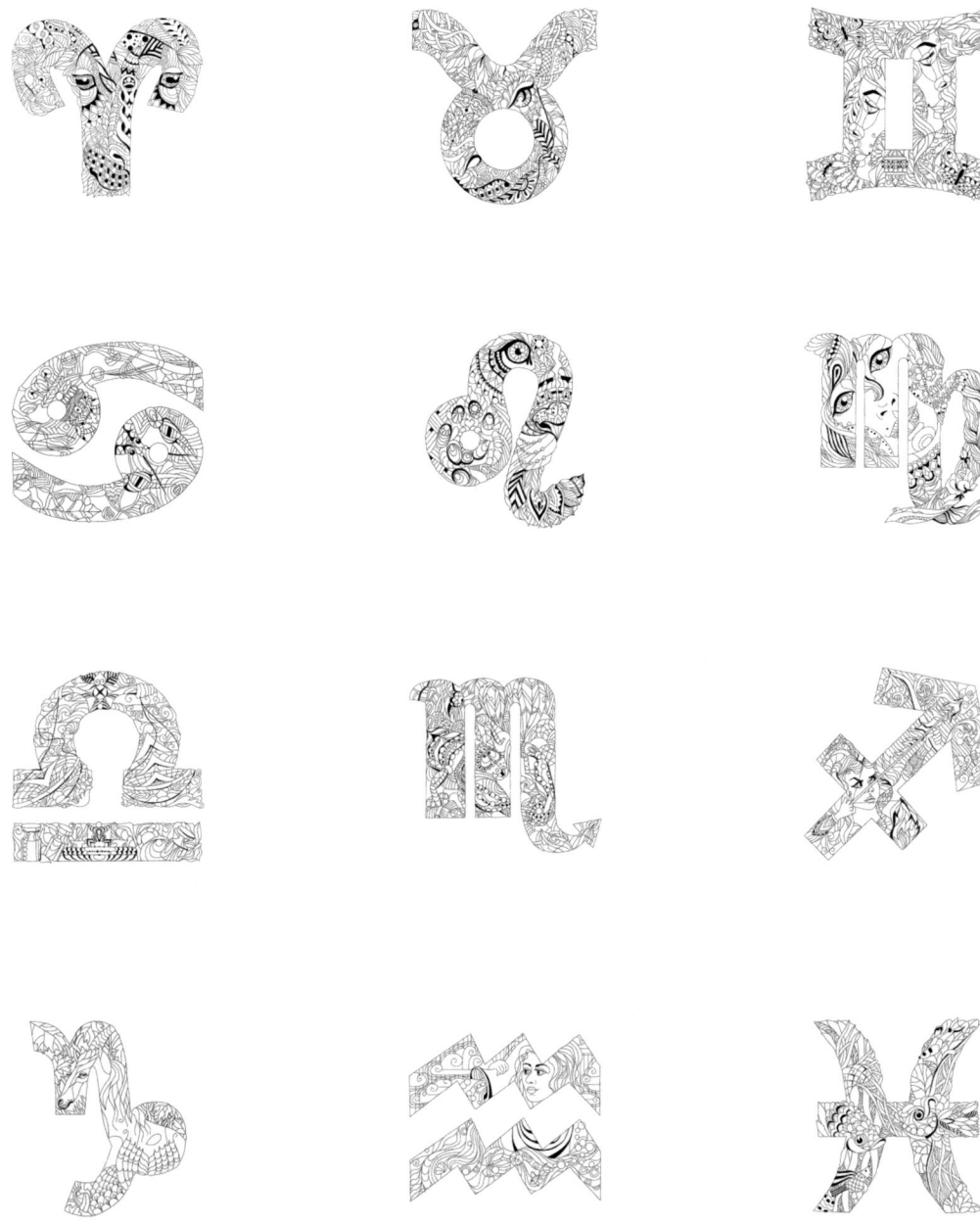

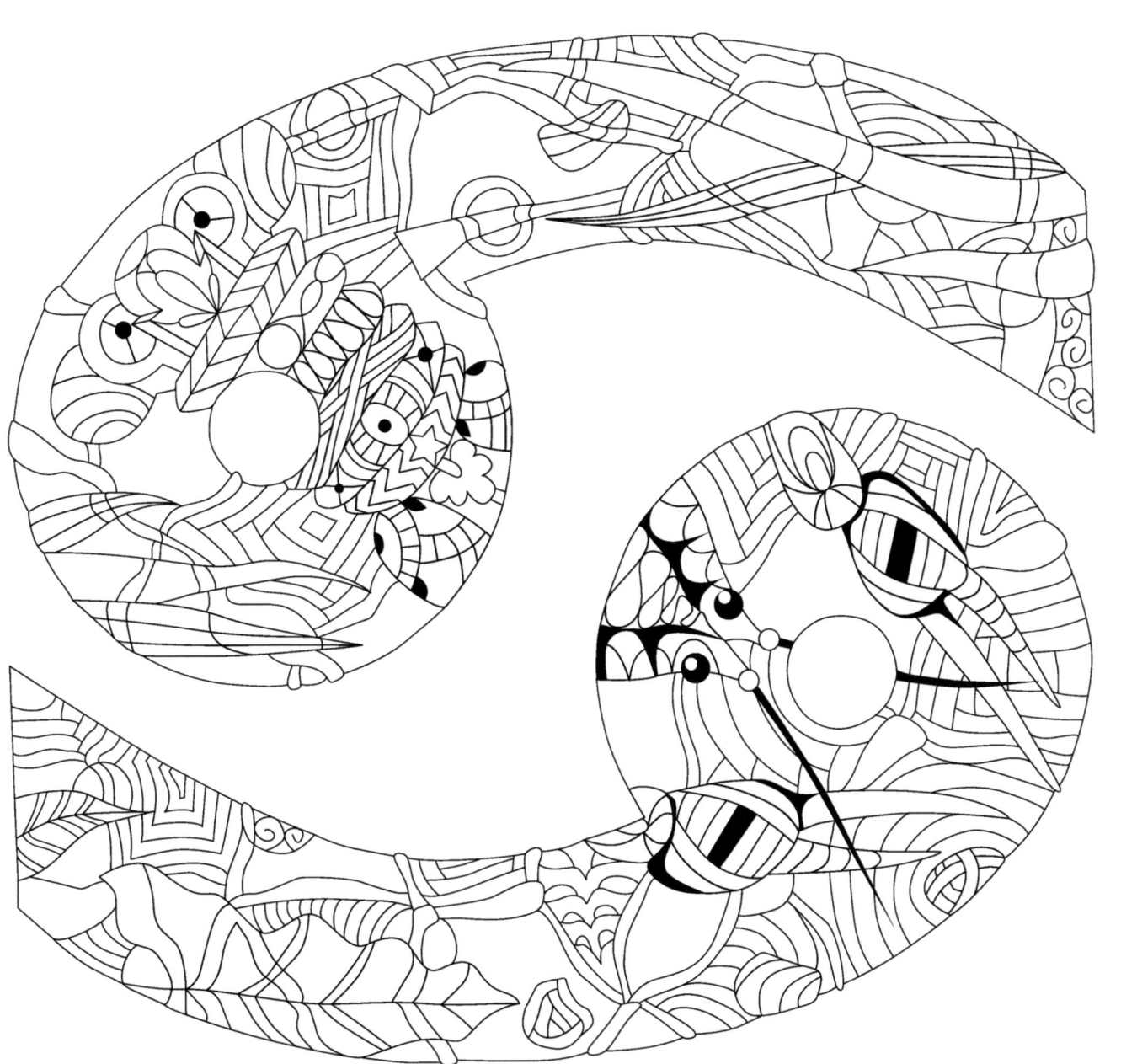

Retrouvez sur Amazon
les autres créations publiées par la romancière Lhattie HANIEL